COCHINCHINE FRANÇAISE ET CAMBODGE

DIRECTION DES CONTRIBUTIONS INDIRECTES

RAPPORT

AU

CONSEIL DE SURVEILLANCE

Dans sa Séance du 15 octobre 1885

SAIGON

IMPRIMERIE C. GUILLAND & MARTINON

1885

COCHINCHINE FRANÇAISE ET CAMBODGE

DIRECTION DES CONTRIBUTIONS INDIRECTES

RAPPORT
AU
CONSEIL DE SURVEILLANCE

Dans sa Séance du 15 octobre 1885

SAIGON

IMPRIMERIE C. GUILLAND & MARTINON

1885

COCHINCHINE FRANÇAISE
ET CAMBODGE

DIRECTION
DES
CONTRIBUTIONS INDIRECTES

Saigon, le 15 septembre 1885.

RAPPORT AU CONSEIL DE SURVEILLANCE

(Séance du 15 octobre 1885.)

MONSIEUR LE DIRECTEUR DE L'INTÉRIEUR,

MESSIEURS,

Mes honorables prédécesseurs ont exposé, dans leurs rapports des 19 novembre 1883 et 19 août 1884, les résultats de l'exploitation en 1882 et 1883 des divers impôts dont la perception est confiée à l'administration des Contributions indirectes ; ces rapports ont montré que depuis la création de cet important service, les recettes de la Régie ont sensiblement progressé. La situation dont j'ai à vous rendre compte pour l'exercice 1884 n'est pas moins satisfaisante, et, bien qu'elle soit due en grande partie à des circonstances exceptionnelles, il n'est que juste de reconnaître que l'impulsion imprimée au service et les constants efforts des agents de direction et d'exécution y ont contribué pour une large part.

RÈGLEMENT DE L'EXERCICE 1884

SERVICE DE LA COCHINCHINE

RECETTES

1º DROITS SUR L'OPIUM ET LES ÉCORCES.

Ventes d'opium et d'écorces	$ 1.731.468 03
Licences de débitants d'opium	56.301 57
Autorisation de vente de dross	5.930 31
Amendes et transactions	5.874 50
Ventes d'objets saisis et confisqués	4 40
Valeur des boîtes en laiton non rendues	1.627 18
Recettes diverses en atténuation de dépenses	729 05
Total	$ 1.801.915 04

Les produits réalisés en 1883 ne s'élevaient qu'à $ 1,627,736 08. C'est donc une augmentation de $ 174,178 96 que présente l'année 1884 sur l'exercice précédent.

La vente de l'opium a porté sur 942,333 taëls, du poids de 37 grammes 6 décigrammes, en augmentation de 83,510 taëls sur 1883 ; les quantités d'écorces livrées à la vente n'ont atteint que 99,867 taëls, contre 105,536 taëls en 1883, mais on sait que l'administration ne cherche pas à développer la vente de cette matière dont la substitution à l'opium dans la consommation pourrait causer un grave préjudice aux intérêts de la colonie.

956 caisses d'opium ont été achetées en 1884, aux ventes publiques de Calcutta ; elles ont coûté $ 552,524 y compris les frais accessoires pour fret, commission, transports, assurances, etc.; c'est une moyenne de $ 578 par caisse au lieu du prix de $ 596 inscrit au budget.

La manufacture a manipulé 37,758 boules d'opium qui ont produit 1,156,003 taëls de chandoo et 51,082 taëls d'écorces, soit un rendement moyen par boule de 30 T 61 de chandoo et de 1 T 35 d'écorces. En ce qui concerne l'opium le rendement est légèrement supérieur à celui qui avait été obtenu en 1883 (30 T 57).

Les divers déchets constatés pour cause de dessication, de fermentation ou de mise en boîtes s'élevaient à 2,61 % en 1883 et à 2,01 % pour le premier semestre 1884. Les atténuations obtenues durant le deuxième semestre ont fait tomber les déchets pour l'année entière à 1,80 %. On verra plus loin que ces déchets ont été encore considérablement réduits pendant le premier semestre 1885.

D'après les comptes d'application de 1884, le prix de revient de l'opium prêt à être livré à la consommation ressort à 0 $ 517 par taël. Ce prix est un peu plus élevé que celui qui est indiqué pour 1883, dans le précédent rapport. La raison en est que le prix d'achat de l'opium brut à Calcutta, a été un peu plus élevé et que d'autre part on a fait entrer dans le compte d'application de 1884 des dépenses de personnel et de premier établissement qui, on ne sait pourquoi, ne figuraient pas dans les comptes précédents.

L'approvisionnement d'opium et d'écorces existant au 31 décembre 1884, à la manufacture et dans les entrepôts était composé comme il suit :

MAGASIN GÉNÉRAL.

Opium en boules......	»	»
113.369 T 51 chandoo en pots dont la valeur à 0 $ 493 par taël est de...... $	54.905	17
16.929 taëls d'écorces à 0 $ 13......	2.200	77
109.799 taëls chandoo en boîtes à 0 $ 517......	56.766	08

ENTREPOTS.

125.109 taëls chandoo en boîtes à $ 0.517 ...... $	64.681	35
15.591 taëls 5 écorces à 0.13	2.026	90
Total...... $	180.580	27

Le stock dans les entrepôts du Cambodge s'élevait à la même époque à 36.000 taëls d'opium en boîtes et à 1.972 taëls d'écorces.

Le nombre de procès-verbaux rapportés en matière de contrebande d'opium est à peu près le même que celui de l'année 1883 ; il est de 314, y compris 123 actes pour recherches infructueuses.

Les 191 affaires pour lesquelles des contraventions ont été constatées se répartissent ainsi :

Affaires n'ayant pas donné lieu à poursuites......	15
Transactions avant jugement......	134
Affaires portées devant les tribunaux......	40
Procès-verbaux restés en litige par suite de la disparition des délinquants.	2
Total	191

Sur les 40 affaires jugées en première instance 39 condamnations ont été prononcées; un seul prévenu a été acquitté pour insuffisance de preuves.

Deux affaires seulement ont été portées en appel, dans lesquelles l'administration s'est désistée.

Les 134 affaires terminées par transactions avant jugement ont produit $ 5.482, chiffre auquel il faut ajouter celui de $ 372 montant des amendes et dommages-intérêts recouvrés sur les condamnations prononcées par les tribunaux ($ 12.877).

La proportion de ces derniers recouvrements est très faible parce que la plupart des condamnés sont trop pauvres pour se libérer, ou préfèrent subir la contrainte par corps plutôt que payer la moindre amende.

Cette situation s'est améliorée depuis l'année dernière, le nombre des transactions avant jugement ayant sensiblement augmenté.

2º DROITS SUR LES ALCOOLS

a ALCOOLS FABRIQUÉS DANS LA COLONIE.

Les droits perçus en 1884 sur les alcools de riz se sont élevés à $ 560.004 19 c., savoir :

Droits de fabrication	$ 422.120 37
Redevance annuelle des distillateurs ......(1)	111.935 »
Droits de licences	10.142 90
Amendes et transactions	6.102 05
Vente des objets saisis et confisqués	93 10
Permis de circulation	4.365 53
Recettes diverses en atténuation de dépenses	5.245 24
Total	$ 560.004 19

Les quantités soumises aux droits de fabrication se sont élevées à 6.233.984 litres ; elles avaient atteint en 1883 le chiffre de 6.253.491 litres.

Si l'on tient compte des droits d'adjudication perçus par anticipation en 1884 sur l'exercice 1885 (plus de $ 100.000) ces résultats accusent des diminutions de $ 100.000 environ sur les évaluations budgétaires de 1884 et de $ 20.000 sur les produits de l'année 1883 ; mais il convient de rappeler que les prévisions de recettes de 1884 avaient été majorées par suite de la réunion de la ferme du Cambodge à celle de la Cochinchine.

---

(1) Somme encaissée en 1884, par anticipation sur les redevances acquises en 1885.

Les causes de la situation défavorable dans laquelle se trouve l'impôt sur les alcools de riz ont été indiquées dans les précédents rapports soumis au Conseil. Elles subsisteront tant que l'administration n'aura pas obtenu les moyens de réprimer d'une manière efficace les fraudes que commettent ou tolèrent les autorités indigènes.

La surveillance des agents d'exécution n'a pas été en défaut ; elle s'est manifestée par la rédaction de 707 procès-verbaux dont 241 pour perquisitions infructueuses.

Le nombre des saisies effectuées pour contraventions diverses en matière d'alcool a donc été de 466, chiffre supérieur de 159 à celui de l'année 1883. 95 de ces procès-verbaux ont été terminés par transactions avant jugement et ont donné lieu au versement de $ 4.259 à titre d'amendes et dommages-intérêts. 343 affaires ont été portées devant les tribunaux qui ont prononcé 317 condamnations et 26 acquittements. Six affaires seulement ont été portées en appel, sur lesquelles quatre jugements ont été infirmés par la cour.

Sur le montant des condamnations, il a été recouvré une somme de $ 1.843 qui, ajoutée à celle de $ 4.259 perçue par transaction avant toutes poursuites, porte à $ 6.102 le total des encaissements pour amendes et dommages-intérêts.

b ALCOOLS IMPORTÉS.

Les recettes à ce titre se sont élevées à $ 88.072 54 sur lesquelles il a été remboursé 58.662 69 sur les alcools réexportés ou livrés à l'administration de la marine. Le produit net est de 29.409 85 dépassant de $ 11.000 les évaluations budgétaires de 1884 et de $ 3.095 26 la recette effective de l'année 1883 laquelle avait été de $ 26.314 59.

3o DROITS DE SORTIE SUR LES RIZ ET PADDYS

Le mouvement d'exportation des riz a été favorisé dans ces dernières années par des récoltes abondantes.

Les droits de sortie perçus en 1884 se sont élevés à $ 1.262.322 64, atteignant presque le chiffre de l'année 1883 ($ 1.300.605 73 c.) qui avait été exceptionnellement élevé. L'augmentation en 1884 par rapport aux évaluations budgétaires et de $ 353.672 48 c.

On trouvera plus loin, aux annexes, un tableau comparatif des quantités de riz et de paddys exportées depuis l'année 1882.

4o DROITS D'ENTRÉE SUR LES ARMES, MUNITIONS, PÉTARDS, ARTIFICES.

Les recettes ont atteint en 1884 le chiffre de $ 9.919 83, en augmentation de $ 455 38 sur les sommes encaissées en 1883.

5° DROITS DE SORTIE SUR LES BŒUFS ET BUFFLES

Ce produit est insignifiant. Prévu au budget pour $ 100, il n'a donné en 1884 que $ 6 contre $ 10 en 1883.

DÉPENSES

Les dépenses du service de la Cochinchine se sont élevées en 1884 à la somme de.................... $ 911,938 14

Se décomposant ainsi :

Personnel............................... $ 216.432 15		
Matériel............................... 39.674 33	$	256.106 48
Achat et fabrication d'opium et d'écorces....................		597.168 97
Remboursements de droits indûment perçus................		58.662 69
Total........................ $		911.938 14

Les dépenses prévues au budget était de..... $ 856.856 10
Il a été accordé en cours d'exercice un crédit supplémentaire de .... $ 110.000 » $ 966.856 10

D'où résulte en 1884 sur les prévisions budgétaires du service de la Cochinchine une économie de........................ $ 54.917 96

RÉCAPITULATION

Le résultat définitif de l'exercice 1884 peut donc être établi comme il suit :

RECETTES	Droits sur l'opium........................... $	1.801.915 04
	Droits sur les alcools de riz....................	560.004 19
	Droits sur les alcools importés.................	88.072 54
	Droits de sortie sur les riz et paddy...........	1.262.322 61
	Droits sur les armes et munitions.............	9.919 83
	Droits de sortie sur les bœufs et buffles........	6 »
	Total des recettes.................. $	3.722.240 21
Dépenses		911.938 14
Excédent des recettes sur les dépenses.................... $		2.810.302 07

Les prévisions du budget de 1884, s'élevaient :

En recette à .... $ 2.920.000 »
En dépense à.......................... 966.856 10 (1)

Excédent prévu des recettes sur les dépenses.............. $ 1.953.143 90

La plus value totale en 1884, ressort en définitive à.......... $ 857.158 17

---

(1) Y compris deux crédits supplémentaires s'élevant à $ 110,000 accordés au cours de l'exercice.

SERVICE DU CAMBODGE

En vertu de la convention du 10 septembre 1883, l'Administration des Contributions indirectes a été chargée, à partir du 1er janvier 1884, de la perception des droits sur l'opium et sur les alcools de riz dans le royaume du Cambodge.

Malgré certaines difficultés d'installation, ce service a pu fonctionner dès les premiers jours de janvier et les résultats acquis pour cette première année d'exploitation témoignent des ressources du pays et des efforts sérieux qui ont été faits tant par les divers chefs qui se sont succédé au Cambodge que par les agents d'exécution.

Les opérations de l'exercice 1884 se résument comme il suit :

RECETTES

1o OPIUM.

Les droits sur l'opium se sont élevés à $ 303.789 42, savoir :

Ventes d'opium et d'écorces	$	276.706 60
Produits des licences et autorisation de vente de dross		18.210 52
Amendes et confiscations		7.872 60
Valeur des boîtes en laiton non rendues		869 31
Recettes diverses		130 39
Total	$	303.789 42

Ce produit présente une augmentation de $ 50,210 58 sur les prévisions de recettes qui étaient inscrites au budget pour $ 354,000.

2o ALCOOLS.

Le droit de fabrication des alcools de riz, concédé à des fermiers a produit $ 83,821 84, se répartissant ainsi :

Redevances des distillateurs	$	80.239 87
Licences		3.261 97
Amendes et confiscations		320 »
Total	$	83.821 84
Il avait été prévu au budget une somme de		65.100 »
L'excédent sur cet article est de	$	23.721 84

DÉPENSES

DÉPENSES ORDINAIRES.

Les dépenses ordinaires s'élèvent à $ 316,727 13, suivant le détail ci-après :

Personnel	$	54.638 29
Matériel		5.451 73
Achats d'opium et d'écorces		76.130 36
Prélèvement en faveur du gouvernement cambodgien	$	180.506 75
Total ....(1)	$	316.727 13

DÉPENSES EXTRAORDINAIRES.

Indemnité payée aux anciens fermiers	$	20.000 »
Report des dépenses ordinaires		316.727 13
Total	$	336.727 13

RÉCAPITULATION DES RECETTES

Opium	$	303.789 42
Alcools		83.821 84
Total	$	387.611 26
Dépenses ordinaires et extraordinaires		336.727 13
Excédent de recettes	$	50.884 13

Cette somme de 50,884 13 devait faire retour au budget de la Cochinchine, mais dans sa séance du 6 février 1885 le Conseil colonial a bien voulu en décider l'abandon au profit du Cambodge.

Les frais de premier établissement à rembourser ultérieurement s'élevaient à la fin de 1884 à $ 40,883 48.

---

(1) Ce chiffre est supérieur aux dépenses effectuées ; il comprend en effet : 1º le montant du compte de prévoyance des employés à liquider plus tard ; 2º le remboursement qui devait être fait à la Cochinchine pour achat d'opium et d'écorces.

GESTION DE 1885

PREMIER SEMESTRE

SERVICE DE LA COCHINCHINE

RECETTES

1º DROITS SUR L'OPIUM ET LES ÉCORCES

Pendant les six premiers mois de l'année 1885 les recettes se sont élevées à .... $ 940.743 70

Les perceptions effectuées durant la même période de 1884 étaient de.. 916.330 32

Augmentation en 1885 .... $ 24.413 38

L'excédent sur les prévisions budgétaires est de $ 90.993 70 c., chiffre auquel il faut ajouter les 6/12 des sommes à rembourser par le Cambodge pour les livraisons d'opium faites par la Cochinchine, sommes non encore recouvrées et qui sont entrées dans les évaluations de l'année pour $ 88.880. La plus value des six premiers mois se trouve ainsi augmentée de $ 44.400 et portée à $ ~~112.813 38.~~ *135,39:*

Les ventes d'opium dans les entrepôts ont continué de s'accroître et se sont élevées, pendant le premier semestre 1885, à 494.593 taëls. La moyenne mensuelle qui était de 80.174 taëls en 1884, est aujourd'hui de 82.432 taëls, en augmentation de 2.258 taëls.

La manufacture d'opium a continué de fonctionner dans les conditions les plus satisfaisantes. D'utiles et importantes améliorations ont été apportées dans plusieurs parties du service et elles ont eu pour résultat, soit de réduire les frais de main-d'œuvre, soit d'atténuer les divers déchets de manipulation. C'est ainsi que par des pesées plus exactes, plus précises, on est arrivé à supprimer en quelque sorte les déficits de mise en boîtes, et que les pertes résultant d'évaporation ou de fermentation ont été considérablement réduites par la substitution de récipients en laiton aux pots en grès. Enfin en recueillant et en soumettant à un pressurage les détritus de la fabrication qui étaient précédemment jetés à la voirie, on a pu extraire de ces matières, à très peu de frais, d'importantes quantités d'opium qui ont atteint 7.813 taëls pendant le premier semestre 1885. Par suite de ces diverses mesures qui ont été adoptées sur l'initiative du régisseur actuel de la manufacture, le rendement par boule qui était de 30 t. 57 en 1883, de 30 t. 61 en 1884, s'est trouvé porté à 31 t. 40 dans les six premiers mois de 1885. Quant aux déchets, ils sont tombés de 2, 61 o/o en 1883 et de 1.80 en 1884 à 0,50 o/o chiffre actuel. Ces résultats, qui ont été obtenus tout en maintenant à l'opium les qualités qui le font rechercher des consommateurs, témoignent d'une meilleure impulsion donnée au service en même temps qu'ils attestent les soins donnés par l'entrepreneur de la fabrication à toutes les manipulations qui peuvent accroître le rendement.

2o DROITS SUR LES ALCOOLS

(A) ALCOOLS FABRIQUÉS DANS LA COLONIE.

Les perceptions sur les alcools de riz pendant le 1er semestre 1885 s'élèvent à $ 269.523 45, en augmentation de $ 3.463 64 sur les produits de 1884, mais en diminution de $ 62.726 55 sur les prévisions budgétaires.

Ce déficit n'est qu'apparent, attendu que le recouvrement des redevances pour adjudications, redevances prévues en recette pour $ 240.000 soit $ 120.000 par semestre, s'est trouvé retardé par suite des facilités accordées aux distillateurs par la décision du conseil privé en date du 25 mai 1885. En vertu de cette décision, les adjudicataires, au lieu d'avoir à payer les droits d'adjudication en deux termes, juin et décembre, ont été autorisés à se libérer par sixièmes de deux mois en deux mois, en sorte que les versements à effectuer en juin 1885 qui auraient dû être de $ 120.000 n'ont été que de $ 40.000. Il s'agit donc d'un simple déplacement de perception, la recette représentant le crédit accordé aux distillateurs devant se retrouver à la fin de la période d'adjudication.

Toutefois, on ne saurait se dissimuler que l'impôt sur les alcools de riz n'est pas en progrès. Les quantités soumises aux droits de fabrication sont loin d'être en rapport avec le chiffre présumé de la consommation. La contrebande s'exerce avec une activité toujours croissante, souvent avec la complicité des autorités indigènes, et l'administration, malgré la vigilance et les efforts de ses agents, est impuissante à la réprimer dans la plupart des cas. Il y a là une cause sérieuse de perte pour la colonie; mais des circonstances nouvelles sont venues aggraver encore cette année la fâcheuse situation dont il a été rendu compte dans les précédents rapports. On sait qu'à la suite des dernières adjudications les redevances annuelles des distilleries ont été élevées dans des proportions considérables (de $ 30.000 à $ 240.000). Pour certaines usines les enchères ont atteint des prix excessifs, hors de toute proportion avec le rendement qu'on pouvait en espérer. Plusieurs adjudicataires qui avaient cédé à un entraînement irréfléchi, ont cherché à se récupérer des pertes qu'ils prévoyaient, en augmentant le prix de vente des alcools bien au-delà des prix légaux fixés avant l'adjudication. L'administration a pu les arrêter dans cette voie aussi contraire aux intérêts du Trésor qu'à ceux des consommateurs. Malheureusement, il a été reconnu indispensable de venir en aide à quelques adjudicataires menacés d'une ruine certaine, et une réduction d'impôt n'étant pas possible en l'absence du Conseil colonial, l'autorité supérieure, contrairement aux conclusions du rapport de la commission spéciale chargée d'examiner la question, a décidé d'augmenter provisoirement les prix de vente des alcools à divers degrés, de deux cents par litre. Ainsi qu'on pouvait le prévoir, cette mesure a causé une baisse dans la consommation et rendu plus sensibles les pertes qu'avaient déjà occasionnées les évènements qui ont troublé les provinces limitrophes du Cambodge pendant les premiers mois de l'année et dont le contre-coup se fait encore sentir. Le remède à une telle situation consisterait, suivant nous, dans l'adoption de mesures sévères à l'égard des autorités indigènes qui favorisent la contrebande et dans une réduction d'impôt qui permettrait de revenir aux anciens prix de vente, sans nuire aux intérêts des distillateurs.

Le tableau ci-après présente la comparaison des quantités d'alcool soumises aux droits pendant chacun des six premiers mois de 1884 et 1885.

DÉSIGNATIONS DES MOIS.	QUANTITÉS VENDUES POUR LE 1ᵉʳ SEMESTRE		AUGMENTA-TION EN 1885.	DIMINUTION EN 1885.	OBSERVATIONS.
	1884	1885			
Janvier	657.344 25	400.444 »	»	196.900 25	La diminution considéra-
Février.........	552.014 »	524.104 »	»	27.910 »	ble du mois de janvier 1885
Mars	613.555 »	519.766 »	»	93.789 »	s'explique par la mise en
Avril	556.032 »	559.262 »	3.230 »	»	consommation eu décembre
Mai	560.193 50	589.763 »	29.569 50	»	1884, du stock existant
Juin	500.093 50	497.844 »	»	2.249 50	chez les anciens distilla-
					teurs.
	3.439.232 25	3.151.183 »	32.799 50	320.848 75	
	Diminution....... 288.040 25				

(B) ALCOOLS IMPORTÉS.

Droits perçus pendant les six premiers mois de 1885.......... $ 12.042 83
Évaluations budgétaires............................... 9.000 »

Excédent de recettes 3.042 83

Les remboursements pour cause de réexportation ont considérablement baissé. Ils n'ont été durant le 1er semestre que de $ 250 environ.

3° DROITS DE SORTIE SUR LES RIZ ET PADDYS

Les recettes effectuées sur les exportations de riz s'élevaient au 30 juin 1885 à $ 751,538 06, en augmentation de $ 288,713 06 sur les évaluations budgétaires dont le chiffre total pour l'année entière était presque atteint au 31 août ($ 920,000 sur $ 925,000). Les recettes des quatre derniers mois de l'année constitueront donc une plus value sur ces évaluations. On peut craindre seulement que le mouvement d'exportation ne se ralentisse par suite de la hausse des prix et des circonstances qui ont amené le gouvernement à interdire la sortie des riz et paddys du Cambodge.

4° RECETTE DIVERSES

Les recettes sur les autres revenus des Contributions indirectes ont suivi leur marche normale à l'exception du droit de sortie sur les bœufs et buffles dont le produit est insignifiant.

DÉPENSES

Pendant le 1er semestre 1885 les dépenses ont été maintenues dans les limites des crédits inscrits au budget. Ces crédits paraissent suffisants et l'on ne prévoit pas que des suppléments deviennent nécessaires, sauf peut-être en ce qui touche le magasin des huiles minérales auquel des travaux de réparation et d'agencement sont indispensables en raison du développement extraordinaire des importations de pétrole.

SERVICE DU CAMBODGE

Les résultats obtenus en 1884 dans l'exploitation du monopole de l'opium et de la ferme des alcools avaient fait concevoir les plus belles espérances pour le développement de ces produits.

Mais les graves évènements qui se sont déroulés au Cambodge pendant les premiers mois de l'année et dont les effets se font encore sentir, ont porté une sérieuse atteinte à la perception de ces impôts. Un grand nombre de postes menacés par des bandes de rebelles ont dû être abandonnés. Plusieurs distilleries ont été pillées ou incendiées. Cependant des perceptions relativement importantes ont pu être opérées grâce au dévouement, à l'énergie, au courage dont a fait preuve le personnel à tous les degrés de la hiérarchie.

Voici le résumé des opérations du 1er semestre 1885 :

RECETTES

Ventes d'opium et d'écorces	$	124.161 03
Fermes des alcools		21.255 93
Total	$	145 416 96

présentant une diminution de $ 40,193 36 sur les recettes du 1er semestre 1883 et un déficit de $ 54,908 04 sur les évaluations bubgétaires.

DÉPENSES

Personnel	$	25.538 77
Matériel		2.939 99
Frais de 1er établissement		2.151 61
Total	$	30.630 37

inférieur de $ 11,991 73 aux prévisions budgétaires.

Dans les dépenses qui viennent d'être énumérées ne sont pas comprises les sommes à rembourser par le Cambodge pour la valeur de l'opium et des écorces qui lui ont été livrés par la Cochinchine. Ce remboursement prévu au budget annuel pour $ 88,800, soit $ 44,000 par semestre, se trouvera réduit par suite de la diminution des ventes à 30,000 piastres environ, pour le 1er semestre 1885.

Depuis le commencement du 2e semestre la situation s'est un peu améliorée au Cambodge. Les recettes de l'opium dans les divers entrepôts ont augmenté et la perception des droits de douane, récemment organisée, donne déjà des résultats appréciables. On peut donc espérer que le déficit des premiers mois de l'année sera largement atténué, s'il ne disparait complétement.

Le Directeur des Contributions Indirectes,

J. MARTEL.

APPROUVÉ :

LE PRÉSIDENT DU CONSEIL DE SURVEILLANCE :

NOUET,

Directeur de l'Intérieur.

LES MEMBRES DU CONSEIL DE SURVEILLANCE :

A. PILLAS,   VILLARD,   BLANCHY,

Trésorier payeur.   *Administrateur principal.*   *Conseiller colonial.*

L'Inspecteur adjoint des services administratifs et financiers.

DANEL.

ANNEXES

COCHINCHINE FRANÇAISE

CONTRIBUTIONS INDIRECTES

BORDEREAU récapitulatif des versements opérés dans les caisses du Trésor public, au titre de l'exercice 1884, du 1er janvier 1884 au 30 juin 1885.

	COCHINCHINE.	CAMBODGE.	TOTAL GÉNÉRAL.
1o Droits sur l'opium............	1.801.915 04	303.789 42	2.105.704 46
2o Droits sur les alcools de riz ...	560.004 19	83.821 84	643.826 03
3o Droits de sortie sur les riz....	1.262.322 61	»	1.262.322 61
4o Droits d'importation sur les alcools	88.072 54	»	88.072 54
5o Droits d'entrée sur les armes et munitions	9.919 83	»	9.919 83
6o Droits de sortie sur les bœufs et les buffles............	6 »	»	6 »
Totaux............	3.722.240 21	387.611 26	4.109.851 47

Saigon, le 30 juin 1885.
*Le Chef du bureau de la comptabilité ff*ons,
Héloury.

Vu :
Le Directeur des Contributions indirectes,
J. Martel.

Certifié exact :
Le Trésorier-Payeur,
A. Pillas.

SITUATION

DES

CRÉDITS DU CHAPITRE XVII

A LA CLOTURE DE L'EXERCICE 1884

DÉTAIL PAR SUBDIVISIONS DU BUDGET.	PRÉVISIONS BUDGÉTAIRES.	DÉPENSES LIQUIDÉES AU COMPTE DE L'EXERCICE 1884 Cochinchine.	DÉPENSES LIQUIDÉES AU COMPTE DE L'EXERCICE 1884 Cambodge.	TOTAL des DÉPENSES.	EXCÉDENT des CRÉDITS.	EXCÉDENT des DÉPENSES.	OBSERVATIONS.
ARTICLE 1er. — PERSONNEL.							
Service actif.							
Personnel Européen et Indigène	211.315 »	165.203 06	40.765 49	205.968 55	5.346 45	» »	
Service des bureaux.							
Personnel Européen et Indigène	31.507 »	20.295 38	71 33	20.366 71	11.140 29	» »	
Dépenses diverses se rattachant au Personnel.							
Indemnité de responsabilité à l'Entreposeur garde magasin général	200 »	200 »	» »	200 »	» »	» »	
Indemnité de responsabilité aux entreposeurs et chefs de postes au Cambodge	2.600 »	» »	1.856 03	1.856 03	743 97	» »	
Supplément à un sous-chef de bureau, secrétaire du conseil de surveillance et bibliothécaire	120 »	120 »	» »	120 »	» »	» »	
Indemnité de caisse à l'agent principal des menues dépenses à Saigon	200 »	200 »	» »	200 »	» »	» »	
Indemnité de caisse au comptable des fonds d'avances à Pnom-Penh	200 »	» »	200 »	200 »	» »	» »	
Supplément spécial à l'entreposeur de Saigon	200 »	200 »	» »	200 »	» »	» »	
Supplément au vaguemestre de la direction (15 cents par jour.)	54 75	54 75	» »	54 75	» »	» »	
Indemnité de vivres	9.276 »	5.055 06	4.159 07	9.214 13	61 87	» »	
Supplément à 17 gardes-matelots remplissant les fonctions de patrons à $ 24, p. an.	408 »	» »	370 »	370 »	38 »	» »	
Part proportionnelle allouée aux entreposeurs, (50 cents sur les premières $ 20 000 et 40 cents sur les secondes $ 20.000, 30 cents sur les troisièmes $ 20.000 et 20 cents pour cent sur le surplus, sans que l'indemnité puisse être inférieure à 160 piastres ni supérieure à 400 piastres)	5.200 »	5.319 57	» »	5.319 57	» »	119 57	
Part des agents et dénonciateurs dans les saisies et confiscations réalisées	4.200 »	3.477 85	» »	3.477 85	722 15	» »	
Indemnité spéciale à 10 Brigadiers, sous-brigadiers et préposés qui doivent être montés à leurs frais, à raison de 50 piastres par an	500 »	304 99	» »	304 99	195 01	» »	
Frais de passage, de route et de séjour dans l'intérieur pour le personnel ne recevant point d'indemnité fixe de tournées	2.800 »	1.990 48	670 30	2.660 78	139 22	» »	
Frais de passage pour la France (Personnel européen.)	1.020 »	1.943 46	» »	1.943 46	» »	923 46	
Frais de justice et honoraires d'avocat	2.000 »	1.953 74	» »	1.953 74	46 26	» »	
Gratification au personnel	1.600 »	1.530 64	51 55	1.582 19	17 81	» »	
Dépenses secrètes, espions	3.000 »	2.150 »	850 »	3.000 »	» »	» »	
Indemnité de caisse aux entreposeurs en Cochinchine	2.928 »	2.928 »	» »	2.928 »	» »	» »	
Indemnité de logement à 5 agents de la régie des riz non logés, à 72 piastres par an.	360 »	318 »	» »	318 »	42 »	» »	
Traitement dans les hôpitaux	3.900 »	3.187 17	» »	3.187 17	712 83	» »	
Totaux de l'article 1er	283.588 75	216.432 15	48.993 77	265.425 92	19.205 86	1.043 03	
Exédent des crédits sur les dépenses					$ 18.162 83		
ARTICLE 2. — DÉPENSES DU MATÉRIEL.							
1° Matériel.							
Nourriture, entretien et ferrage de chevaux, entretien d'un fourgon pour le transport de l'opium et d'une voiture de service	500 »	479 71	218 25	697 96	» »	197 96	
Eclairage des bâtiments de la direction et des entrepôts, et matériel d'éclairage en Cochinchine et au Cambodge	2.000 »	1.178 54	161 99	1.340 53	659 47	» »	
A reporter	2.500 »	1.658 25	380 24	2.038 49	659 47	197 96	

DÉTAIL PAR SUBDIVISIONS DU BUDGET.	PRÉVISIONS BUDGÉTAIRES.	DÉPENSES LIQUIDÉES AU COMPTE DE L'EXERCICE 1884 Cochinchine.	Cambodge.	TOTAL des DÉPENSES.	EXCÉDENT des CRÉDITS.	des DÉPENSES.	OBSERVATIONS.
Report	2.500 »	1.658 25	380 24	2.038 49	659 47	197 96	
Mobilier du Directeur, des magasins, des bureaux et des postes	1.100 »	726 10	67 61	793 71	306 29	» »	
Loyer des bâtiments occupés par la régie en Cochinchine et au Cambodge	2.900 »	1.773 82	1.079 50	2.853 32	46 68	» »	
Entretien et réparation des bâtiments appartenant à la régie ou pris par elle à bail	11.900 »	4.593 91	200 83	4.794 74	7.105 26	» »	
Entretien, éclairage et dépenses de chauffage de 4 chaloupes à vapeur	5.000 »	3.114 57	534 01	3.648 58	1.351 42	» »	
Entretien, éclairage et dépenses du côtre, des jonques et embarcations de service	1.900 »	756 44	6 »	762 44	1.137 56	» »	
Achat de matériel, outils, location d'embarcations supplémentaires, voitures, charrettes, etc.	3.100 »	3.068 33	266 05	3.334 38	» »	234 38	
Frais de transport du matériel et de l'opium	800 »	182 93	355 84	538 77	261 23	» »	
Achat de médicaments à entretenir dans les postes	600 »	227 90	295 08	522 98	77 02	» »	
Frais d'impression et de reliure	7.500 »	6.339 95	1.160 06	7.500 01	» »	0 01	
Achat d'armes et munitions, entretien et réparations	700 »	228 14	23 70	251 84	448 16	» »	
Frais de dépêches télégraphiques	150 »	165 99	» »	165 99	» »	15 99	
Service des vidanges	400 »	283 56	» »	283 56	116 44	» »	
Entretien d'une pompe à incendie	60 »	56 »	» »	56 »	4 »	» »	
Frais de gardes dans les postes excentriques dépourvus de tirailleurs et de gardes civils	300 »	» »	4 »	4 »	296 »	» »	
Fournitures de bureau	2.300 »	1.806 55	446 32	2.252 87	47 13	» »	
Remises aux particuliers chargés de bureaux de ventes	2.300 »	2.396 56	» »	2.396 56	» »	96 56	
Constructions neuves et achat de terrains	17.600 »	11.453 32	» »	11.453 32	6.146 68	» »	
Dépenses diverses et imprévues	2.500 »	842 01	612 49	1.454 50	1.045 50	» »	
Totaux du matériel	63.610 »	39.674 33	5.431 73	45.106 06	19.048 84	544 90	
Excédent des crédits sur les dépenses					$ 18.503 94		

2° Achat et fabrication de l'opium et les écorces.

DÉTAIL PAR SUBDIVISIONS DU BUDGET.	PRÉVISIONS BUDGÉTAIRES.	Cochinchine.	Cambodge.	TOTAL des DÉPENSES.	EXCÉDENT des CRÉDITS.	des DÉPENSES.	OBSERVATIONS.
Dépenses du laboratoire de la bouillerie	150 »	10 »	» »	10 »	140 »	» »	
Confection de boîtes en laiton pour l'opium, achat de matières et d'outils, entretien et renouvellement du matériel en service, salaires d'ouvriers	9.300 »	16.548 50	» »	16.543 50	» »	7.248 50	
Frais de fabrication de l'opium	20.500 »	23.443 62	» »	23.443 62	» »	2.943 62	
Achat de 855 caisses d'opium à 580 piastres l'une	545.900 »	536.847 80	» »	536.847 80	9.052 20	» »	
Frais de transport, frêt, commission, frais de débarquement, d'emmagasinage à la manufacture de l'opium acheté à Calcutta, à $ 16.10¹ par caisse	13.766 35	15.537 41	» »	15.537 41	» »	1.771 06	
Achat d'écorces, 3.700 kilos à $ 3,20 cents le kilo	11.840 »	4.781 64	» »	4.781 64	7.058 36	» »	
Totaux	601.456 35	597.168 97	» »	597.168 97	16.250 56	11.963 18	
Excédent des crédits sur les dépenses					$ 4.287 38		

ARTICLE 3. — PRÉLÈVEMENT EN FAVEUR DU GOUVERNEMENT CAMBODGIEN

DÉTAIL PAR SUBDIVISIONS DU BUDGET.	PRÉVISIONS BUDGÉTAIRES.	Cochinchine.	Cambodge.	TOTAL des DÉPENSES.	EXCÉDENT des CRÉDITS.	des DÉPENSES.	OBSERVATIONS.
Quote-part du roi Norodom, 11.000 barres à 15 piastres 50 cents	170.500 »	» »	170.500 »	170.500 »	» »	» »	
Quote-part du 2e roi	6.000 »	» »	6.000 »	6.000 »	» »	» »	
Frais divers à rembourser au roi du Cambodge, conformément aux usages des anciens fermiers	3.500 »	» »	4.006 75	4.006 75	» »	506 75	
Totaux	180.000 »	» »	180.506 75	180.506 75	» »	506 75	
Excédent des dépenses sur les crédits					$ 506 75		

DÉTAIL PAR SUBDIVISIONS DU BUDGET.	PRÉVISIONS BUDGÉTAIRES.	DÉPENSES LIQUIDÉES AU COMPTE DE L'EXERCICE 1884		TOTAL des DÉPENSES.	EXCÉDENT		OBSERVATIONS.
		Cochinchine.	Cambodge.		des CRÉDITS.	des DÉPENSES.	
ARTICLE 4.							
Remboursement de droits indûment perçus	62.000 »	58.662 69	» »	58.662 69	3.337 31	» »	
Offres réelles à faire à MM. Vandelet et Dussutour	15.000 »	» »	20.000 »	20.000 »	» »	5.000 »	
Totaux	77.000 »	58.662 69	20.000 »	78.662 69	3.337 31	5.000 »	
Excédent des dépenses sur les crédits					$ 1.662 69		
ARTICLE 5.							
Frais de 1er établissement de la régie au Cambodge	37.000 »	» »	28.321 86	28.321 86	8.678 14	» »	
Récapitulation.							
Article 1er. Personnel	283.588 75	216.432 15	48.993 77	265.425 92	19.205 86	1.043 03	
Article 2. } Matériel	63.610 »	39.674 33	5.431 73	45.106 06	19.043 84	544 90	
Article 2. { Achat et fabrication de l'opium et des écorces	601.456 35	597.168 97	» »	597.168 97	16.250 56	11.963 18	
Article 3. Prélèvement en faveur du gouvernement cambodgien	180.000 »	» »	180.506 75	180.506 75	» »	506 75	
Article 4. Remboursement de droits indûment perçus	77.000 »	58.662 69	20 000 »	78.662 69	3.337 31	5.000 »	
Article 5. Frais de 1er établissement de la régie au Cambodge	37.000 »	» »	28.321 86	28.321 86	8.678 14	» »	
Totaux généraux	1242.655 10	911.938 14	283.254 11	1195.192 25	66.520 71	19.057 86	
Excédent des crédits sur les dépenses					$ 47.462 85		

RELEVÉ des procès-verbaux dressés pendant l'année 1884.

Désignation des postes.	NOMBRE DE PROCÈS-VERBAUX				Totaux.	OBSERVATIONS.
	Opium.	Alcool.	Autres matières	Perquisitions infructueuses.		
Saigon	55	37	4	34	130	
Baria	2	1	»	12	15	
Baclieu	26	7	»	14	47	
Bentré	8	87	»	33	128	
Bienhoa	4	4	»	15	23	
Caibé	1	23	»	29	53	
Camau	»	3	1	3	7	
Cantho	12	24	»	29	65	
Chaudoc	2	2	»	13	17	
Gocong	7	26	10	33	76	
Hatien	4	1	»	10	15	
Longxuyen .	5	»	»	13	18	
Mytho	15	117	1	49	182	
Rachgia	1	12	1	2	16	
Sadec......	6	14	»	10	30	
Soctrang ...	10	21	»	20	51	
Tanan	4	15	»	18	37	
Travinh	15	41	»	8	64	
Tayninh....	7	2	»	»	9	
Thudaumot .	4	»	»	»	4	
Vinhlong ...	5	27	»	19	51	
Totaux....	193	464	17	364	1.038	

RELEVÉ *des procès-verbaux dressés pendant les quatre trimestres de l'année 1884, avec indication de la suite qui leur a été donnée et du produit des amendes.*

ANNÉE 1884.	NOMBRE DE PROCÈS-VERBAUX DRESSÉS.	PROCÈS-VERBAUX DE RECHERCHES INFRUCTUEUSES	AFFAIRES AUXQUELLES LA RÉGIE N'A PAS DONNÉ SUITE.	TRANSACTIONS AVANT POURSUITES.	AFFAIRES JUGÉES EN PREMIÈRE INSTANCE.	CONDAMNATIONS.	ACQUITTEMENTS.	TRANSACTIONS APRÈS CONDAMNATIONS EN PREMIÈRE INSTANCE.	AFFAIRES SOUMISES A L'APPEL.	TRANSACTIONS EN COUR D'APPEL.	AFFAIRES DANS LESQUELLES LA RÉGIE S'EST DÉSISTÉE EN APPEL.	JUGEMENTS INFIRMÉS PAR LA COUR.	JUGEMENTS CONFIRMÉS PAR LA COUR.	JUGEMENTS ÉMENDÉS PAR LA COUR.	AFFAIRES en litige au 31 déc. 1884 — en première instance.	AFFAIRES en litige au 31 déc. 1884 — devant la Cour.	AMENDES ET DOMMAGES INTÉRÊTS OBTENUS EN JUSTICE.	PRODUITS RECOUVRÉS : TRANSACTIONS, AMENDES ET DOMMAGES-INTÉRÊTS.	OBSERVATIONS.
Opium.																			
1er Trimestre	71	29	4	35	3	3	»	»	2	»	2	»	»	»	»	»	750 »	647 80	
2e Trimestre	79	35	3	31	10	10	»	1	»	»	»	»	»	»	»	»	1.036 »	1.524 83	
3e Trimestre	82	27	6	38	11	11	»	4	»	»	»	»	»	»	»	»	7.455 »	2.004 55	
4e Trimestre	82	32	2	30	16	15	1	1	»	»	»	»	»	»	»	2	3.671 »	1.677 32	
Totaux	314	123	15	134	40	39	1	6	2	»	2	»	»	»	»	2	12.912 »	5.854 50	
Alcools.																			
1er Trimestre	148	52	5	18	73	63	10	3	3	»	»	3	»	»	»	»	4.765 »	1.066 28	
2e Trimestre	189	52	6	20	111	100	11	8	2	»	»	1	1	»	»	»	5.511 »	1.512 32	
3e Trimestre	180	60	2	30	88	85	3	»	1	»	1	»	»	»	»	»	3.569 »	2.107 44	
4e Trimestre	190	77	4	27	71	69	2	3	»	»	»	»	»	»	11	»	4.675 »	1.416 01	
Totaux	707	241	17	95	343	317	26	14	6	»	1	4	1	»	11	»	18.520 »	6.102 05	
Armes et riz.																			
	17	»	»	17	»	»	»	»	»	»	»	»	»	»	»	»	»	377 »	
Récapitulation.																			
Opium	314	123	15	134	40	39	1	6	2	»	2	»	»	»	»	2	12.912 »	5.854 50	
Alcool	707	241	17	95	343	317	26	14	6	»	1	4	1	»	11	»	18.520 »	6.102 05	
Armes et riz	17	»	»	17	»	»	»	»	»	»	»	»	»	»	»	»	»	377 »	
Totaux généraux	1038	364	32	246	383	356	27	20	8	»	3	4	1	»	13	»	31.432 »	12.333 55	

Renseignements sur les jugements portés en appel pendant l'année 1884.

TRIBUNAUX.	NOMBRE.	INFIRMÉS.	CONFIRMÉS.	ÉMENDÉS.	TRANSACTIONS.	DÉSISTEMENTS.	OBSERVATIONS.
Appel de l'Administration.							
Binh-hoa	»	»	»	»	»	»	
Mytho	5	4	1	»	»	1	
Bentré	1	»	»	»	»	»	
Soctrang	2	»	»	»	»	2	
Totaux	8	4	1	»	»	3	
Appel des prévenus.							
Bentré	2	2	»	»	»	»	
Vinh-long	1	1	»	»	»	»	
Totaux	3	3	»	»	»	»	
Par la régie	8	4	1	»	»	3	
Totaux généraux	11	7	1	»	»	3	

Répartition des procès-verbaux dressés en 1884 suivant la nature des contraventions constatées.

ARTICLES.	RÉSUMÉ DE LA CONTRAVENTION.	NOMBRE.
	Opium.	
	CONTRAVENTIONS A L'ARRÊTÉ DU 7 NOVEMBRE 1881, MODIFIÉ PAR L'ARRÊTÉ DU 5 JUILLET 1883.	
48	Introduction d'opium..........................	3
77 § 1	Colportage ou vente d'opium de contrebande........	7
77 § 2	Détention d'opium de contrebande..	49
78	Vente d'opium de la régie sans autorisation.........	13
79	Vente de dross ou détention de plus de deux taëls....	10
90	Opium de la régie dans des pots autres que ceux de la régie ou dépouillés de la marque officielle.........	10
91	Vente de l'opium falsifié par les débitants	83
95	Défaut de livret des achats d'opium................	2
96	Défaut de présentation du livret des achats d'opium..	1
97	Tenue du carnet de vente	26
99	Défaut de déclarations d'ouverture de fumerie d'opium	1
100	Vente d'opium en dehors de la fumerie.............	2
102	Défense de recevoir dans les fumeries des fmes et des enfts	2
105	Tapage et tumulte dans l'intérieur d'une fumerie	1
	Total	210
	Alcools de riz.	
	ARRÊTÉ DES 19 DÉCEMBRE 1881 ET 28 DÉC. 1882.	
4, 5 et 6	Installation des distilleries.......................	2
10	Déficit dans les magasins........................	»
12	Fabrication clandestine	379
28	Déficit dans les magasins des marchands de gros.....	25
31	Vente d'alcool sans licence	28
32	Défaut d'affichage de licence.....................	5
33	Obligation du livret	2
35	Détention non justifiée d'alcool de riz	19
36	Alcool n'ayant pas le degré voulu.................	8
	Alcool importé.	
47	Débarquement de l'alcool sans déclaration	1
	Total	469
	Riz.	
	(ARRÊTÉ DU 25 SEPTEMBRE 1883.)	
9	Fausse déclaration	4
22 § 1	Sortie du port avant l'acquittement des droits	2
23	Sortie avec chargement supérieur aux quantités sur lesquelles les droits ont été acquittés	8
26	Barques chargées de plus de cinq piculs de riz et trouvées au-dessous des limites fixées	2
	Total.....	16
	Armes et munitions.	
	Détention et introduction d'armes	1
	Il y a eu 27 acquittements.	
Tribunal de {	Saigon	1
	Binh-hoa.........................	»
	Mytho	13
	Bentré...........................	1
	Chaudoc	»
	Soctrang..........................	9
	Vinh-Long	3
	Total...................	27

TABLEAU comparatif des exportations de riz et paddy pendant les années 1882, 1883, 1884 et 1885 (1er semestre), avec le prix moyen en piastres et celui du frêt sur Hongkong.

DÉSIGNATION des MOIS.	RIZ 1882	PADDY 1882	RIZ 1883	PADDY 1883	RIZ 1884	PADDY 1884	RIZ 1885	PADDY 1885	BRISURES DE RIZ 1882	FARINE DE RIZ 1882	BRISURES DE RIZ 1883	FARINE DE RIZ 1883	BRISURES DE RIZ 1884	FARINE DE RIZ 1884	BRISURES DE RIZ 1885	FARINE DE RIZ 1885	RIZ ET PADDY DU CAMBODGE 1882	RIZ ET PADDY DU CAMBODGE 1883	RIZ ET PADDY DU CAMBODGE 1884	RIZ ET PADDY DU CAMBODGE 1885	PRIX RIZ 1882	PRIX PADDY 1882	PRIX RIZ 1883	PRIX PADDY 1883	PRIX RIZ 1884	PRIX PADDY 1884	PRIX RIZ 1885	PRIX PADDY 1885	MOYENNE DU FRET sur HONGKONG 1882	1883	1884	1885	OBSERVATIONS.
	Piculs.	Piculs.	Piculs.	Piculs.	Piculs.	Piculs.	Piculs.	Piculs.	Piculs	Piculs.	Piculs.	Piculs.	Piculs.	Piculs.	Piculs	Piculs					$	$	$	$	$	$	$	$	$	$	$	$	
Janvier....	269.842	3.414	456.392	79.004	762.862	100.282	246.667	26.886	3.285	5.800	3.700	5.200	5.780	9.400	8.843	5.200	»	1.785	4.211	8.244	1.45	»	1.30	0.93	1.25	0.85	1.20	0.87	0.18	0.10	0.106	0.105	
Février....	664.212	14.686	710.766	129.222	679.423	127.190	594.164	132.888	6.144	8.300	2.453	4.120	16.530	18.700	7.700	24.709	»	3.193	6.945	7.302	1.38	»	1.36	1.09	1.22	0.88	1.27	1.08	0.15	0.099	0.106	0.115	
Mars......	601.633	38.607	846.267	155.554	808.852	223.840	758.944	205.964	1.129	4.000	9.766	9.500	15.337	19.050	12.750	22.100	»	884	4.912	12.569	1.39	»	1.38	1.09	1.20	0.90	1.22	0.95	0.22	0.17	0.13	0.156	
Avril	860.513	112.662	1.082.939	258.153	836.649	244.771	929.631	275.425	9.326	3.600	5.056	3.995	17.377	3.500	9.500	12.070	»	»	1.813	8.603	1.30	»	1.36	1.06	1.21	0.92	1.21	0.96	0.21	0.15	0.117	0.16	
Mai.......	601.026	117.464	673.226	122.526	889.289	130.381	787.002	243.179	5.160	13.200	7.703	8.345	14.480	14.500	9.819	8.000	»	»	1.009	4.077	1.27	»	1.32	1.01	1.18	0.98	1.33	1.11	0.125	0.145	0.108	0.16	
Juin	478.221	84.093	510.300	171.068	658.045	88.363	582.567	201.235	2.107	2.000	11.356	7.900	8.228	9.040	9.970	12.000	»	»	662	1.130	1.27	»	1.29	0.97	1.12	0.91	1.37	1.08	0.14	0.13	0.105	0.15	
Juillet	269.702	44.435	572.113	22.588	880.899	172.950	»	»	2.603	7.500	14.132	25.217	11.000	15.000	»	»	»	»	1.425	»	1.35	»	1.37	1.01	1.19	0.94	»	»	0.125	0.108	0.107	»	
Août......	349.863	70.409	513.009	106.294	723.379	30.615	»	»	5.234	27.100	13.891	54.140	17.300	5.400	»	»	»	6.799	18.697	»	1.30	»	1.32	0.98	1.18	1.01	»	»	0.11	0.125	0.103	»	
Septembre.	334.664	125.355	360.870	102.123	450.504	31.085	»	»	4.600	15.000	6.604	25.045	4.100	2.107	»	»	»	21.865	27.993	»	1.29	»	1.30	0.96	1.27	1.05	»	»	0.13	0.125	0.11	»	
Octobre ...	283.401	185.807	528.614	183.486	212.272	12.309	»	»	9.000	9.500	10.263	33.828	8.380	7.700	»	»	11.294	2.900	43.450	»	1.30	»	1.31	0.96	1.27	1.13	»	»	0.13	0.101	0.0966	»	
Novembre .	304.987	229.138	430.815	30.751	206.158	8.528	»	»	9.559	13.600	17.625	19.150	4.200	3.000	»	»	10.580	3.900	36.552	»	1.35	»	1.32	1.00	1.21	1.13	»	»	0.117	0.13	0.09	»	
Décembre .	237.048	74.990	535.475	42.311	150.660	7.677	»	»	12.837	15.205	12.262	25.800	3.300	7.600	»	»	7.035	10.376	28.254	»	1.36	»	1.34	1.02	1.03	0.84	»	»	0.157	0.122	0.0966	»	
Totaux...	5.255.409	1.101.060	7.220.779	1.409.080	7.268.064	1.177.500	3.898.975	1.085.577	67.993	124.805	114.811	222.267	126.012	115.087	53.582	84.070	28.909	51.302	175.962	41.925	16.10	»	15.97	12.11	14.32	11.57	7.60	6.05	1.824	1.508	1.245	0.846	
Moyenne générale																					1.34	»	1.33	1.01	1.19	0.96	1.27	1.01	0.152	0.126	0.103	0.141